VORWORT

Wenn man einem Kind zeigen will, wie man einen Baum zeichnet, verbindet man meist ein braunes Rechteck mit einer darüber gemalten grünen Wolke. Ich fand das schon immer ungerecht. Wir lernen sehr früh, ein Kaninchen von einer Taube zu unterscheiden, aber nicht, einen Mammutbaum, einen Ginkgo oder einen Baumfarn zu erkennen. Abgesehen von der Tanne mit ihrem dreieckigen Profil sehen alle Bäume gleich aus. Leider muss ich zugeben, dass ich mich beim Zeichnen auch nicht immer frage, ob der Baum, den ich da gerade in meine Landschaft gemalt habe, eine Buche oder eine Eiche ist.

Mit Grandios wollte ich die Vielfalt der Pflanzenwelt würdigen, indem ich Extreme vorstelle: sehr seltene Pflanzen, vom Menschen kultivierte Pflanzen, den trockensten Kaktus, die nasseste Alge, den höchsten Baum und den mit den am tiefsten hinabreichenden Wurzeln … Alle in diesem Buch vorgestellten Arten sind Rekordhalter in einer der Disziplinen Größe, Höhe, Widerstandsfähigkeit oder Merkwürdigkeit.

Ich wünsche mir, dass uns die Bedrohung der Chilenischen Araukarie eines Tages ebenso beschäftigt wie heute die des Großen Pandas. Wenn wir uns klarmachen, wie komplex, erstaunlich und vielfältig die Welt der Pflanzen ist, werden wir uns hoffentlich für diese Lebensformen begeistern können, die ganz anders sind als Tiere, aber mindestens ebenso faszinierend.

Benjamin Flouw

Für Milo.
B. F.

Benjamin Flouw

GRANDIOS

Aus dem Französischen von Cornelia Panzacchi

INHALT

Waldriesen 10

KÜSTENMAMMUTBAUM
RIESEN-EUKALYPTUS

Stämme, dicker als Häuser 12

AFFENBROTBÄUME
MEXIKANISCHE SUMPFZYPRESSE
BANYAN-FEIGE

Sehr alte Pflanzen 14

LOMATIA TASMANICA
LANGLEBIGE KIEFER
GEMEINE FICHTE

Groß und stachelig 16

SAGUARO
ELEFANTENKAKTUS

Algen mit Tentakeln 18

GOLFTANGE
SACCORHIZA POLYSCHIDES
RIESENTANG

Gigantische Blätter 20

RAPHIA REGALIS
WELWITSCHIE
MAMMUTBLATT
AMAZONAS-RIESENSEEROSE

Ungewöhnliche Blüten
.... 22

    TITANENWURZ
    RIESENRAFFLESIE
    TALIPOT-PALME

Enorme Früchte und Samen
.... 24

    MEERESHERZ
    SEYCHELLENPALME
    JACKFRUCHTBAUM

Wenn der Mensch sich einmischt
.... 26

    RIESEN-KÜRBIS
    ZUCCHINI
    GEMÜSEKOHL

Wurzeln und Netzwerke
.... 28

    AMERIKANISCHE ZITTERPAPPEL
    NEPTUNGRAS
    PAPPEL-FEIGE

Lange Lianen
.... 30

    BAUHINIEN
    NEPENTHES LOWII
    KÖSTLICHES FENSTERBLATT

Eine Frage des Tempos
.... 32

    RIESENBROMELIE
    BAMBUS-ARTEN
    MIMOSE

Science-Fiction-Pflanzen
.... 34

    KANARISCHER DRACHENBAUM
    HYDNORA
    WÜSTENROSE
    FLEDERMAUSBLUME

Urzeit-Pflanzen
.... 36

    BAUMFARNE
    EQUISETUM MYRIOCHAETUM
    GINKGO
    CHILENISCHE ARAUKARIE

Extreme Lebensbedingungen
.... 38

    CALLITRIS TUBERCULATA
    ARKTISCHE WEIDE
    ROTE MANGROVE

Einzelgänger
.... 40

    PALMFARN
    BAUM DER TÉNÉRÉ
    DIE SITKA-FICHTE AUF CAMPBELL ISLAND

Waldriesen

UM MÖGLICHST VIEL SONNENLICHT ABZUBEKOMMEN, WERDEN MANCHE WALDBÄUME HÖHER ALS ALL IHRE NACHBARN.

KÜSTENMAMMUTBAUM
Sequoia sempervirens

Dieser in Kalifornien heimische Nadelbaum kann über 100 Meter hoch werden!

Unter günstigen Bedingungen wächst er pro Jahr 1 Meter.

Sein natürliches Verbreitungsgebiet ist ein schmaler Landstreifen im Westen der USA, der entlang der Pazifikküste verläuft.

Der größte dieser Riesen erhielt den Namen Hyperion. Er ist 115 Meter hoch und damit ganz offiziell der höchste Baum der Welt.

UNGLAUBLICH!
DERZEIT SIND 15 KÜSTENMAMMUTBÄUME BEKANNT, DIE HÖHER ALS 110 METER UND 47, DIE HÖHER ALS 105 METER SIND. EINIGEN VON IHNEN GAB MAN NAMEN WIE HYPERION, HELIOS, ICARUS ODER STRATOSPHERE GIANT.

ZUM SCHUTZ VON HYPERION WIRD SEIN GENAUER STANDORT GEHEIM GEHALTEN.

RIESEN-EUKALYPTUS
Eucalyptus regnans

Die Exemplare dieser zweiten Riesenbaumart erreichen um die 100 Meter. Sie sind im Süden Australiens und in Tasmanien heimisch.

Riesen-Eukalyptus-Wälder können mehr Kohlendioxid aufnehmen als jeder andere Wald der Welt.

Im Herbst bringt dieser Eukalyptus Büschel kleiner weißer Blüten hervor. Keine andere Blüte der Welt blüht in größerer Höhe.

Sein Stamm ist im unteren Bereich braun, gefurcht und rau. Einige Meter weiter oben wird die Rinde grau und glatt.

UNGLAUBLICH!

CENTURION, DAS GRÖSSTE BEKANNTE EXEMPLAR DIESER ART, WURDE IM AUGUST 2008 IN TASMANIEN ENTDECKT. CENTURION IST ÜBER 99 METER HOCH!

IM 19. JAHRHUNDERT SOLL EIN 132 METER HOHER EUKALYPTUS GEFUNDEN WORDEN SEIN. ER ERHIELT DEN NAMEN „FERGUSON-BAUM".

Stämme, dicker als Häuser

WENN MAN BÄUMEN MANCHER ARTEN GENÜGEND PLATZ UND ZEIT LÄSST, ERREICHEN IHRE STÄMME UNGLAUBLICHE DURCHMESSER.

AFFENBROTBÄUME
Adansonia spp.

Diese Bäume mit elefantös dicken Stämmen sind in Afrika, auf Madagaskar und in Teilen Australiens heimisch. Sie können über 2.000 Jahre alt werden!

Die schwammigen Fasern im Stamm des Afrikanischen Affenbrotbaums (*Adansonia digitata*) ermöglichen ihm, bis zu 120.000 Liter Wasser zu speichern. Auf diese Weise übersteht er Dürrezeiten. Diese besondere Fähigkeit trug ihm den Namen „Flaschenbaum" ein.

Dorfplätze in Afrika liegen oft unter einem Baobab. In seinem Schatten treffen sich die Menschen, um sich zu unterhalten und zu beraten. Oder um den Kindern Geschichten zu erzählen.

UNGLAUBLICH!
DER SUNLAND BAOBAB SOLL ÜBER 1.000 JAHRE ALT SEIN.
MIT EINEM STAMMDURCHMESSER VON ÜBER 47 METERN WAR ER DER GEWALTIGSTE BAUM DER WELT, BIS 2016 EIN TEIL SEINES STAMMS EINSTÜRZTE.
DERZEIT SOLL DER BAOBAB SAGOLE DER GRÖSSTE DER WELT SEIN, MIT EINEM STAMMDURCHMESSER VON MEHR ALS 38 METERN.

Die Blüten des Baobabs werden nicht von Bienen, sondern von Fledermäusen bestäubt. Weil die Tiere beim Saugen des Nektars die Staubbeutel berühren, tragen sie den Pollen von Blüte zu Blüte und ermöglichen so deren Befruchtung.

Der mit Wasser vollgesogene Stamm zieht durstige Elefanten an. Sie reißen die Rinde ab und zerkauen die darunterliegenden Fasern, um das Wasser herauszupressen.

MEXIKANISCHE SUMPFZYPRESSE
Taxodium mucronatum

Dieser Baum, der in der Nähe von Flüssen, Bächen und Quellen sowie in Feuchtgebieten gedeiht, kann erstaunliche Ausmaße erreichen.

Die Azteken nutzten die Sumpfzypresse als Heilpflanze. Heute stellt man aus ihrem Holz Balken und Möbel her. Der aztekische Name dieser Zypressenart lautet *ahuehuete*, „der alte Mann des Wassers".

UNGLAUBLICH!

DIE GRÖSSTE MEXIKANISCHE SUMPFZYPRESSE HAT EINEN STAMMDURCHMESSER VON 42 METERN. SIE HEISST ARBÓL DEL TULE („BAUM VON TULE").

BANYAN-FEIGE
Ficus benghalensis

Wirklich außergewöhnlich! Ein einziges Exemplar dieses indischen Cousins europäischer Feigenbäume kann mehrere Hektar Land bedecken!

Die Banyan-Feige ist ein Wahrzeichen Indiens. Häufig werden unter ihrer Krone Tempel errichtet, denn dieser Baum gilt als heilig.

UNGLAUBLICH!

THIMAMMA MARRIMANU IST DER GRÖSSTE DIESER FEIGENBÄUME. SEINE ZAHLREICHEN STÄMME SIND ÜBER 2 HEKTAR VERTEILT. DAMIT IST ER DIE AUSGEDEHNTESTE PFLANZE DER WELT.

Die Basis besteht aus Hunderten von Stämmen und Wurzeln. Sie alle gehören zum selben Baum.

Banyan-Feigen sprießen am Anfang ihres Lebens nicht aus dem Boden, sondern zwischen den Ästen anderer Bäume. Vögel lassen sie dort fallen. Die Wurzeln hängen zunächst in der Luft. Sobald sie dann den Boden berühren, entwickelt sich der erste Stamm.

Sehr alte Pflanzen

IM LAUF DER JAHRHUNDERTE ENTWICKELTEN PFLANZEN
DIE FÄHIGKEIT, LANGE ZEITRÄUME ZU ÜBERDAUERN.

LOMATIA TASMANICA

Diese ungewöhnliche Pflanze ist nur im Südosten Tasmaniens heimisch.

Sie vermehrt sich nicht geschlechtlich, sondern ausschließlich durch Klone: Herabgefallene Zweige bilden die Wurzeln aus.

UNGLAUBLICH!

DAS HEUTE LEBENDE EXEMPLAR IST EIN KLON DER PFLANZE, DIE VOR 43.600 JAHREN KEIMTE.

IN FREIER NATUR GIBT ES NUR 500 EXEMPLARE DER *LOMATIA TASMANICA*. SIE ALLE WACHSEN IN EINEM GEBIET, DAS ETWAS ÜBER 1 KILOMETER LANG IST.

LANGLEBIGE KIEFER
Pinus longaeva

Diese in den Bergwäldern der südwestlichen USA heimische Kiefer ist für ihre Langlebigkeit berühmt.

An das kühle, trockene Klima der Berge passte sie sich an, indem sie nur sehr langsam wächst. Diese Langsamkeit soll das Geheimnis ihrer hohen Lebenserwartung sein.

Die Samen der Langlebigen Kiefer werden durch den Kiefernhäher verbreitet. Mit seinem langen, schmalen Schnabel biegt er die Schuppen der Kiefernzapfen auseinander und zieht die Samen heraus.

UNGLAUBLICH!

NACHDEM 1957 DIE, SOWEIT BEKANNT, ÄLTESTE LANGLEBIGE KIEFER AUF EIN ALTER VON 4.789 JAHREN GESCHÄTZT WURDE, ERHIELT SIE DEN NAMEN METHUSALEM. METHUSALEM IST EINE FIGUR AUS DER BIBEL: EIN MANN, DER SEHR, SEHR ALT WURDE. DIE METHUSALEM GENANNTE KIEFER STEHT IN DEN WHITE MOUNTAINS IN KALIFORNIEN. UM SIE ZU SCHÜTZEN, WIRD IHR GENAUER STANDORT GEHEIM GEHALTEN.

GEMEINE FICHTE
Picea abies

Dieser in den europäischen Gebirgen sehr verbreitete Nadelbaum kann 300 Jahre alt werden. Doch in Fulufjället in Schweden soll es eine 9.550 Jahre alte Fichte geben! Man nennt sie Old Tjikko.

Die Fichte galt bei den Kelten als „Leben spendender Baum". Diese symbolische Bedeutung trug wohl dazu bei, dass wir sie heute als Weihnachtsbaum nutzen.

UNGLAUBLICH!
EINE FICHTE WIRD BIS ZU 60 METER HOCH!

Die Fichtengallenlaus legt ihre Eier auf Fichtentriebe. Daraufhin bildet sich eine Galle, die wie eine kleine grüne Ananas aussieht.

Wie unterscheidet man Fichten von Tannen? Ein Blick auf die Zapfen genügt: Die der Fichte hängen nach unten, die der Tanne stehen aufrecht auf dem Zweig.

Groß und stachelig

DAS HIER SIND GANZ ANDERE KALIBER ALS DER KLEINE KAKTUS AUF DER FENSTERBANK! SIE WACHSEN IN DER WÜSTE ZU WAHREN RIESEN HERAN.

Seine Blüte ist das Wahrzeichen des US-Bundesstaats Arizona.

Bestimmte Spechtarten (der Gilaspecht und der Wüstengoldspecht) hämmern ihr Nest in diese Kakteen.

In den folgenden Jahren werden andere Vögel darin nisten.

Manche Saguaros bilden oben an ihrer Spitze eine Art Kamm aus.

SAGUARO
Carnegia gigantea

Dieser Riese der Wüste zählt zu den größten Kakteen der Welt. Die bekannte Rekordhöhe liegt bei knapp 14 Metern, bei einem Stammdurchmesser von 1 Meter. Ein Saguaro wird bis zu 150 Jahre alt.

ELEFANTENKAKTUS
Pachycereus pringlei

Diese Kakteenart kann unglaubliche Maße in Höhe und Breite erreichen.

Es gibt Exemplare, die bis zu 25 Tonnen wiegen!

UNGLAUBLICH!
DER HÖCHSTE KAKTUS DER WELT IST EIN ELEFANTENKAKTUS: ER IST ÜBER 19 METER HOCH!

Bestimmte Wüstentiere wissen seine Früchte zu schätzen. Dazu zählen Fledermäuse, Hasen und Kojoten.

Die Wurzeln des Elefantenkaktus sind Wirt einer Bakterie, die Gestein auflöst. Sie ermöglicht es dem Kaktus, sich fest im Boden zu verankern.

Algen mit Tentakeln

DIESE IM MEERESBODEN WURZELNDEN ALGEN HABEN SICH SO AN IHREN LEBENSRAUM ANGEPASST, DASS SIE SONNENLICHT UND MEERESSTRÖMUNGEN EFFEKTIV NUTZEN.

GOLFTANGE
Sargassum spp.

Golftange sind eine Gattung der Braunalgen. Sie treiben frei im Wasser und bilden an der Wasseroberfläche mitunter kilometerlange Ansammlungen.

Ein Exemplar kann über 12 Meter lang werden.

Dank ihrer Schwimmblasen treiben die Golftange an der Oberfläche.

UNGLAUBLICH!

EINE REGION DES ATLANTISCHEN OZEANS NENNT MAN „SARGASSOSEE", WEIL DIESE ALGEN HIER IN GROSSER ZAHL VORKOMMEN. ALTE SEEMANNSGESCHICHTEN BESCHREIBEN DIE SARGASSOSEE ALS VERFLUCHTE GEGEND, IN DER SEEUNGEHEUER LAUERN UND SCHIFFE AUF IMMER VERSCHWINDEN.

DIE SARGASSOSEE IST DAS FORTPFLANZUNGSGEBIET EUROPÄISCHER UND NORDAMERIKANISCHER AALE. UM SIE ZU ERREICHEN, MÜSSEN EUROPÄISCHE AALE ÜBER 6.000 KILOMETER WEIT SCHWIMMEN.

SACCORHIZA POLYSCHIDES

In der Nordsee, im Atlantischen Ozean und im Mittelmeer gedeiht eine Braunalge, deren blattartiger oberer Teil einem Fächer ähnelt.

UNGLAUBLICH!

EIN EINZELNES EXEMPLAR DIESER ART KANN 10 METER LANG UND 3,5 METER BREIT WERDEN.

Die Knolle, mit der die Alge am Meeresboden wurzelt, erreicht einen Durchmesser von bis zu 50 Zentimetern.

In der Knolle leben mitunter kleine Krebse, oder Fische verstecken darin ihre Eier.

Seeotter lieben Riesentangwälder. Sie jagen darin nach Seeigeln und wickeln sich im Tang ein, um nicht fortgetrieben zu werden.

Riesentang wird bis zu 45 Meter lang.

RIESENTANG
Macrocystis pyrifera

Auch der Riesentang ist eine Braunalge. Er wächst vor den Küsten des Pazifischen Ozeans und ist vermutlich die größte aller Algen.

UNGLAUBLICH!
DIESER RIESENTANG KANN 45 METER LANG WERDEN UND 60 ZENTIMETER PRO TAG WACHSEN!

Mit seinem Haftorgan verankert sich der Riesentang am Meeresboden. Dank seiner birnenförmigen Schwimmblasen steht er aufrecht im Wasser.

Gemeinsam mit anderen Algenarten bildet der Riesentang regelrechte Unterwasserwälder, auch Kelpwälder genannt.

Gigantische Blätter

BLÄTTER WEISEN EINE UNGLAUBLICHE FORMENVIELFALT AUF. MANCHE SIND SO GROSS, DASS WIR NEBEN IHNEN WIE ZWERGE AUSSEHEN.

RAPHIA REGALIS

Diese aus Zentralafrika stammende Palmenart besitzt die größten Blätter der gesamten Pflanzenwelt.

Der nur knapp 1 Meter hohe Stamm bleibt im Boden verborgen.

Aus den getrockneten Blättern stellt man sehr stabile Seile, Matten oder sogar Tarnanzüge her.

UNGLAUBLICH!

JEDES EINZELNE BLATT TRÄGT AUF JEDER SEITE UNGEFÄHR 180 FIEDERBLÄTTCHEN UND KANN BIS ZU 25 METER LANG UND 4 METER BREIT WERDEN.

Erst wenn die *Raphia*-Palme schon älter ist, bildet sie bis zu 3 Meter lange Blütenstände mit kleinen Blüten aus.

WELWITSCHIE
Welwitschia mirabilis

Obwohl diese Pflanze aus den Wüsten Südwestafrikas auf den ersten Blick nicht viel hermacht, ist sie dennoch faszinierend.

Sie besitzt nur zwei Blätter, die jedoch immer weiterwachsen und länger werden, solange die Pflanze lebt.

Um zu überleben, nimmt sie den vom Meer her kommenden nächtlichen Tau auf.

UNGLAUBLICH!

DIE BLÄTTER WERDEN BIS ZU 4 METER LANG!

BEMERKENSWERT IST AUCH DIE LANGE LEBENSERWARTUNG DER WELWITSCHIE: SIE KANN 2.000 JAHRE ALT WERDEN.

MAMMUTBLATT
Gunnera manicata

Das aus den tropischen Regionen Brasiliens stammende Mammutblatt ist mit dem Rhabarber nicht verwandt, auch wenn sich die Formen der Blätter ähneln.

UNGLAUBLICH!

MIT EINEM DURCHMESSER VON BIS ZU 2 METERN IST JEDES BLATT SO GROSS WIE EIN BRAUNBÄR!

DIE PFLANZE VERTRÄGT KÄLTE VON BIS ZU -20 GRAD CELSIUS. DIE BLÄTTER STERBEN BEI FROST AB. IM FRÜHJAHR SPRIESSEN NEUE BLÄTTER.

Der Blütenstand wird bis zu 1,5 Meter hoch.

AMAZONAS-RIESENSEEROSE
Victoria amazonica

Diese Seerose ist die größte der Welt. Sie wächst in stehenden Gewässern Südamerikas.

Ihren Namen erhielt sie nach Königin Victoria, die von 1837 bis 1901 über Großbritannien und seine Kolonien herrschte.

Die Adern der riesigen Blätter sollen den Entwurf des Londoner Glaspalasts Crystal Palace inspiriert haben.

UNGLAUBLICH!

IHRE BLÄTTER ERREICHEN EINEN DURCHMESSER VON BIS ZU 3 METERN!

Die Blüte öffnet sich abends, um einen Käfer einzulassen, der in ihr die Nacht verbringt. In dieser Zeit wird er mit Pollen bestäubt, den er dann zur nächsten Blüte trägt.

Ungewöhnliche Blüten

DIESE BLÜTEN SIND SO RIESIG, DASS SIE IN KEINEN BLUMENKASTEN PASSEN. (UND AUCH FÜR VIELE GÄRTEN SIND SIE VIEL ZU GROSS!)

TITANENWURZ
Amorphophallus titanum

Diese auf der Insel Sumatra heimische Pflanze bringt eine wirklich einzigartige Blume hervor.

Um bestäubende Insekten anzulocken, unter anderem Fliegen, verströmt die Pflanze einen starken Fäulnisgeruch.

In botanischen Gärten wird das Erblühen der Titanenwurz als sensationelles Ereignis gefeiert.

Der Blütenstand ist von einem Hochblatt umgeben, das wie ein riesiges Blütenblatt aussieht.

UNGLAUBLICH!

IN FREIER NATUR WIRD DER BLÜTENSTAND DER TITANENWURZ BIS ZU 3,5 METER HOCH.

Hornvögel lieben ihre Beeren.

RIESENRAFFLESIE
Rafflesia arnoldii

In den Wäldern Borneos und Sumatras blüht eine gigantische und sehr eigenartige Blume. Ebenso wie die Blüte der Titanenwurz verströmt sie intensiven Fäulnisgeruch, um Fliegen und andere bestäubende Insekten anzulocken.

Die Pflanze wächst auf bestimmten Lianenarten, deren Parasit sie ist.

UNGLAUBLICH!

MIT EINEM DURCHMESSER VON 1 METER UND EINEM GEWICHT VON 10 KILOGRAMM IST SIE DIE GRÖSSTE BLÜTE DER WELT.

Rafflesien besitzen weder Blätter noch Stängel oder Wurzeln.

Der Blütenstand ist palmwedelförmig und trägt mehrere Millionen winziger Blüten.

TALIPOT-PALME
Corypha umbraculifera

Diese aus Indien und Sri Lanka stammende Palme hält den Rekord der größten Blütenstände.

In Sri Lanka verwendete man die Blätter dieser Palmenart lange als Schreibpapier.

UNGLAUBLICH!

DIE TALIPOT-PALME KANN 25 METER HOCH WERDEN – OHNE DEN BLÜTENSTAND GEMESSEN, DER BIS ZU 8 METER LANG IST.

SIE BRINGT NUR EINMAL BLÜTEN HERVOR, IM ALTER VON 50 BIS 80 JAHREN. DANACH STIRBT SIE AB.

Enorme Früchte und Samen

IN TROPISCHEN REGIONEN GIBT ES PFLANZEN, DIE UNVORSTELLBAR GROẞE FRÜCHTE HERVORBRINGEN.

MEERESHERZ
Entada gigas

Diese tropische Liane, eine Verwandte unserer Bohnen, produziert riesige Schoten.

Die Samen treiben mit den Meeresströmungen und legen so große Entfernungen zurück.

UNGLAUBLICH!

DIE SCHOTEN DES MEERESHERZ WERDEN BIS ZU 2 METER LANG!

DIE DARIN ENTHALTENEN SAMEN SIND 6 ZENTIMETER LANG UND 2 ZENTIMETER DICK.

DIE RANKEN DER PFLANZE ERREICHEN EINEN DURCHMESSER VON BIS ZU 30 ZENTIMETERN UND EINE LÄNGE VON ETWA 100 METERN. SIE KÖNNEN PRO JAHR UM 20 METER WACHSEN.

MITUNTER WERDEN DIE RANKEN SO SCHWER, DASS DIE GROẞEN BÄUME, AN DENEN SIE WACHSEN, UNTER IHREM GEWICHT ZUSAMMENBRECHEN.

SEYCHELLENPALME
Lodoicea maldivica

Die auf den Seychellen heimische Palme erzeugt die größten Samen der Welt.

Diese werden mit den Meeresströmungen vom Ufer fortgetrieben. Nektar und Pollen dieser Palme werden gern von Gecko- und Nacktschneckenarten genascht, die es nur auf den Seychellen gibt.

Wegen seiner Form nennt man den Samen der Seychellenpalme auch coco-fesses, „Kokos-Popo".

UNGLAUBLICH!

DIE FRUCHT DER SEYCHELLENPALME KANN BIS ZU 45 KILOGRAMM WIEGEN, DER SAMEN BIS ZU 25 KILOGRAMM.

JACKFRUCHTBAUM
Artocarpus heterophyllus

Die Frucht dieses aus Indien stammenden Baums wird wegen ihrer Größe und ihres Geschmacks sehr geschätzt. Die Jackfrucht wird auch „Frucht der Armen" genannt. Sie ist die Nationalfrucht von Bangladesch.

Eine Jackfrucht wiegt bis zu 30 Kilogramm, bei bis zu 90 Zentimetern Länge und 50 Zentimetern Breite. Sie ist eine der größten Früchte der Welt!

Die Früchte entwickeln sich direkt am Stamm und an den dicken Ästen.

UNGLAUBLICH!

EIN JACKFRUCHTBAUM BRINGT PRO JAHR BIS ZU 100 FRÜCHTE HERVOR.

Wenn der Mensch sich einmischt

DURCH DIE ZÜCHTUNG SPEZIELLER SORTEN KÖNNEN PFLANZEN UND FRÜCHTE MIT ERSTAUNLICHEN AUSMASSEN ENTSTEHEN. IN DER NATUR WÜRDEN SIE NIEMALS SO GROSS WERDEN.

RIESEN-KÜRBIS
Cucurbita maxima

Die Pflanze mit den orangefarbenen Früchten wurde im 16. Jahrhundert aus Südamerika nach Europa eingeführt. Gärtner wetteifern darin, den größten Kürbis zu züchten.

Heute gibt es zahlreiche Arten, deren Früchte sich durch Form und Farbe unterscheiden: Ungarischer Blauer Kürbis, Roter Zentner, Turbankürbis …

Die Früchte der Sorte *Atlantic Giant Pumpkin* erreichen besonders beeindruckende Dimensionen.

UNGLAUBLICH!

DER BISHER GRÖSSTE VON MENSCHEN GEZÜCHTETE KÜRBIS WAR 1.190 KILOGRAMM SCHWER.

ZUCCHINI
Cucurbita pepo pepo

Diese andere Kürbisvariante kann so groß wie ein erwachsener Mensch werden.

Die Zucchini, die wir kaufen, werden also gepflückt, bevor sie ausgewachsen sind.

Auch die Blüte kann man essen, unter anderem frittiert oder gefüllt.

UNGLAUBLICH!
DEN GRÖSSENREKORD HÄLT EINE ZUCCHINI MIT 2,52 METERN LÄNGE. DIE SCHWERSTE ZUCCHINI WOG 30 KILOGRAMM UND WAR OHNE DÜNGER ANGEBAUT WORDEN.

GEMÜSEKOHL
Brassica oleracea

Vom Menschen gezüchtete Kohlarten bilden meist dicke Köpfe. Unter bestimmten Anbaubedingungen können sie sehr groß werden.

UNGLAUBLICH!
DER SCHWERSTE WIRSING DER WELT GEDIEH IN ALASKA UND WOG 62,71 KILOGRAMM.

DEN GEWICHTSREKORD DES BLUMENKOHLS HÄLT EIN ÜBER 27 KILOGRAMM SCHWERES EXEMPLAR.

SPAZIERSTOCKKOHL ODER RIESENKOHL IST EINE SORTE, DIE BIS ZU 3 METER HOCH WIRD. MAN ISST IHN NICHT, SONDERN NUTZT DEN STANGEL ALS SPAZIERSTOCK.

Wurzeln und Netzwerke

PFLANZEN STECHEN NICHT NUR DURCH IHRE GRÖSSE ODER DIE SCHÖNHEIT IHRER BLÜTEN HERVOR. AUCH IHRE WURZELN KÖNNEN UNS IN ERSTAUNEN VERSETZEN.

AMERIKANISCHE ZITTERPAPPEL
Populus tremuloides

Dieser in ganz Nordamerika verbreitete Baum bringt durch Klonen aus einem einzigen Organismus einen ganzen Wald hervor.

Einer dieser Klonwälder erhielt den Namen „Pando" (vom lateinischen *pando*, „ich breite mich aus"). Pando konnte sich dank idealer Lebensbedingungen so gut entwickeln: Häufige Waldbrände und besondere Wetterbedingungen verhinderten die Ansiedlung anderer Baumarten. Allerdings wird derzeit befürchtet, Pando könnte durch Umweltverschmutzung bedroht sein.

UNGLAUBLICH!

WEIL ALL SEINE STÄMME ÜBER EIN EINZIGES WURZELNETZ VERBUNDEN SIND, GILT PANDO ALS DER SCHWERSTE LEBENDE ORGANISMUS DER WELT: MAN SCHÄTZT SEIN GEWICHT AUF KNAPP 6.000 TONNEN!

MIT SEINEN MEHR ALS 40.000 STÄMMEN BEDECKT PANDO EINE FLÄCHE VON UNGEFÄHR 43 HEKTAR (DAS ENTSPRICHT KNAPP 60 FUSSBALLFELDERN).

NEPTUNGRAS
Posidonia oceanica

Diese Wasserpflanze wächst auf dem Boden des Mittelmeers, wo sie große Seegraswiesen bildet.

Da Neptungras erstaunliche Mengen an Kohlendioxid aufnehmen kann, ist es unser Verbündeter gegen die Luftverschmutzung.

Vor allem im Winter findet man an Stränden sogenannte Seebälle. Sie sind braun und bestehen aus Neptungrashalmen, die von den Wellen verknäult wurden.

UNGLAUBLICH!
VOR DER INSEL IBIZA WURDE EINE RIESIGE, MEHR ALS 8 KILOMETER LANGE NEPTUNGRASPFLANZE ENTDECKT. SIE ZÄHLT ZU DEN GRÖSSTEN LEBENDEN ORGANISMEN DER WELT.

PAPPEL-FEIGE
Ficus religiosa

Die Wurzeln dieser südostasiatischen Feigenart können andere Pflanzen ersticken. Deshalb nennt man sie auch „Würgefeige".

Die Pappel-Feige sprießt auf einem Wirtsbaum, den sie mit ihren Luftwurzeln umfängt und schließlich erstickt. Wenn er abgestorben ist, sind ihre Wurzeln kräftig genug, um sie zu stützen.

Für die Buddhisten ist die Pappel-Feige heilig. Buddha soll unter einem Baum dieser Art seine Erleuchtung erlebt haben.

Lange Lianen

AN DEN BÄUMEN ODER AUF DEM BODEN DES TROPISCHEN REGENWALDS WACHSEN EIGENARTIG AUSSEHENDE PFLANZEN.

BAUHINIEN
Bauhinia guianensis

Die spiralförmigen Ranken dieser südamerikanischen Pflanze fallen sofort ins Auge.

In den Tropen gedeihen zahlreiche Bauhinien-Arten.

Benannt sind sie nach den Brüdern Bauhin, zwei Schweizer Naturforscher. Sie zählten zu den ersten Wissenschaftlern, die Pflanzen zu klassifizieren versuchten.

Im Glauben des Volks der Wayapi steigen die Geister an diesen Ranken (die man aufgrund ihrer Form auch „Affenleitern" nennt) auf die Erde hinunter.

Die zweilappigen Blätter sehen aus, als wären zwei Blätter zusammengewachsen.

NEPENTHES LOWII

Diese aus Südostasien stammende fleischfressende Pflanze hat so ihre Besonderheiten. Die Innenseite ihres Deckels schwitzt Nektar aus, der kleine Vögel anlockt. Diese lassen beim Nektarnaschen ihren Kot in die Kanne fallen. Dieser dient wiederum der Pflanze als Nahrung.

Größere Kannenpflanzen locken mitunter auch kleine Wirbeltiere wie Eidechsen, Frösche und sogar Nagetiere an.

Kannenpflanzen sind bei Liebhabern ungewöhnlicher Pflanzen sehr beliebt.

Kannenpflanzen besitzen Kannen mit Deckel, die als Fallen dienen. Die Beutetiere werden mit süßem Nektar angelockt.

UNGLAUBLICH!

DIE RANKEN VON *NEPENTHES LOWII* WERDEN BIS ZU 10 METER LANG.

DIE KANNEN KÖNNEN EINEN DURCHMESSER VON 25 ZENTIMETERN ERREICHEN.

KÖSTLICHES FENSTERBLATT
Monstera deliciosa

Dieser Bewohner süd- und mittelamerikanischer Dschungel ist zu einer beliebten Zimmerpflanze geworden.

In Blumengeschäften wird das Fensterblatt oft als „Philodendron" verkauft, obwohl es nicht dieser Gattung angehört.

UNGLAUBLICH!

SEINE BLÄTTER WERDEN BIS ZU 1 METER BREIT!

DIE PFLANZE KANN BIS ZU 20 METER HOCH WERDEN. IM REGENWALD STÜTZT SIE SICH DANN AN EINEM BAUM AB. ALS ZIMMERPFLANZE ERREICHT SIE JEDOCH MAXIMAL 3 METER HÖHE.

Eine Frage des Tempos

WÄHREND MANCHE PFLANZEN SICH MIT DER FORTPFLANZUNG VIEL ZEIT LASSEN, BEEILEN ANDERE SICH, UM FRESSFEINDEN ZU ENTKOMMEN ODER DER SONNE ENTGEGENZUWACHSEN.

RIESENBROMELIE
Puya raimondii

Die in den Anden heimische Riesenbromelie lässt sich für das Blühen gerne Zeit.

Titanka, die „Königin der Anden", wie man sie in Peru gerne nennt, gedeiht in der Puna genannten Gebirgszone in 3.500 bis 4.800 Metern Höhe. Dies ist eine kühle Region mit geringem Sauerstoffgehalt der Luft.

Nach der Blüte und nachdem ihre ungefähr 6 Millionen Samenkörner vom Wind davongetragen wurden, stirbt die Pflanze ab.

UNGLAUBLICH!

DIESE PFLANZEN WERDEN MITUNTER 80 JAHRE ALT, BEVOR SIE ZUM ERSTEN UND EINZIGEN MAL BLÜHEN.

AUSGEWACHSEN IST DIE PFLANZE UNGEFÄHR 3 METER HOCH UND 1,5 METER BREIT. DER BLÜTENSTAND ABER KANN 7 METER HOCH WERDEN UND BIS ZU 20.000 BLÜTEN TRAGEN

BAMBUS-ARTEN
Bambuseae

Diese weltweit stark verbreiteten Pflanzen wachsen sehr schnell.

Es gibt sehr viele Arten, darunter auch zahlreiche sehr kleine und sehr große wie der *Dendrocalamus giganteus*, der 50 Meter hoch werden kann.

Bambus ist die Hauptnahrung des Großen Pandas, wird aber auch von dem in den Wäldern Tibets lebenden Roten Panda gefressen, von afrikanischen Berggorillas und von manchen Lemurenarten auf Madagaskar.

UNGLAUBLICH!

BAMBUS KANN UM KNAPP 1 METER PRO TAG WACHSEN!

DIE BAMBUSBLÜTE IST EINE GEHEIMNISVOLLE ANGELEGENHEIT. STETS BLÜHEN ALLE BAMBUSPFLANZEN EINER GEGEND GLEICHZEITIG. WIR WISSEN BIS HEUTE NICHT, WARUM DAS SO IST.

MIMOSE
Mimosa pudica

Die Mimose ist ein kleiner Strauch, der weltweit in den Tropen gedeiht. Das Volk der Maya verwendete sie als Heilpflanze.

Ihre Blätter klappen sich nachts zusammen.

UNGLAUBLICH!

DIE MIMOSE BESITZT SCHNELLE REFLEXE: WENN MAN EIN BLATT BERÜHRT, KLAPPEN SICH SÄMTLICHE BLÄTTER INNERHALB VON SEKUNDEN ZUSAMMEN.

DIESES ZUSAMMENKLAPPEN KANN EINE SCHUTZMAßNAHME GEGEN FRESSFEINDE SEIN. BALD NACH DEM ZUSAMMENKLAPPEN ÖFFNEN SICH DIE BLÄTTER WIEDER.

Science-Fiction-Pflanzen

ES GIBT PFLANZEN, DIE AUSSEHEN, ALS STAMMTEN SIE VON FREMDEN PLANETEN.

KANARISCHER DRACHENBAUM
Dracaena draco

UNGLAUBLICH!
ER KANN BIS ZU 20 METER HOCH WERDEN.

Dieser Drachenbaum, den man auf den Kanarischen Inseln antrifft, sieht wie ein riesiger Sonnenschirm aus.

Seine Äste wirken wie mächtige Schlangen. Drakon heißt auf Griechisch „Schlange", davon leitet sich auch der deutsche Name „Drachenbaum" ab.

Sein seit der Antike als Heilmittel verwendeter roter Baumsaft wird „Drachenblut" genannt.

Heute ist diese Art vom Aussterben bedroht.

HYDNORA
Hydnora africana

Man begegnet dieser Pflanze, die wie ein Geschöpf aus einem Horrorfilm aussieht, in Afrika.

Ihre Nahrung saugt sie direkt aus den Wurzeln anderer Pflanzen, und sie kommt ohne Blätter und Stängel aus.

Ihre Blüte wirkt wie das Maul eines Monsters. Wir empfinden ihren Duft als ekelerregend, doch er lockt zahlreiche Insekten an.

UNGLAUBLICH!

WENN EIN INSEKT IN DIE BLÜTE FLIEGT, UM NEKTAR ZU SAUGEN, BLEIBT ES EINIGE TAGE LANG DARIN GEFANGEN UND STÄUBT SICH DABEI GRÜNDLICH MIT POLLEN EIN. DANN WELKT DIE BLÜTE UND DAS INSEKT KANN HINAUSFLIEGEN.

WÜSTENROSE
Adenium obesum

Diese eigenartig aussehende Pflanze mit dem dicken Stamm bringt sehr elegant aussehende rosa Blüten hervor. Sie ist in den Wüsten Nordafrikas und der Arabischen Halbinsel zu Hause.

Stark verbreitet ist sie vor allem auf der Insel Sokotra vor der Küste Jemens.

Ihr hochgiftiger Saft wird in Afrika bei der Jagd und beim Fischfang verwendet.

UNGLAUBLICH!

DIESER STRAUCH, DER MITUNTER AUCH ALS BONSAI GEZOGEN WIRD, KANN BIS ZU 3 METER HOCH WERDEN!

DIE WÜSTENROSE ZÄHLT ZU DEN SUKKULENTEN. DAS SIND PFLANZEN, DIE VIEL WASSER SPEICHERN, WIE AUCH DIE WÜSTENROSE IN IHREM STAMM.

FLEDERMAUSBLUME
Tacca chantrieri

Die kleinen Blüten dieser Pflanze sind von dunklen Hochblättern umgeben, deren Form an Fledermausflügel erinnert, von denen sich der Name ableitet. Allerdings ist sie auch als „Teufelsblume" bekannt.

Manche Forschende meinen, dass ihr ungewöhnliches Aussehen Pflanzenfresser fernhalten soll.

Es wird erforscht, ob eine aus dieser Pflanze gewonnene Substanz gegen Krebs helfen kann.

Urzeit-Pflanzen

UNTER DEN HEUTE AUF UNSEREM PLANETEN LEBENDEN PFLANZEN SIND EINIGE, DIE ES SCHON LANGE VOR DEM ERSTEN AUFTRETEN DES MENSCHEN GAB.

BAUMFARNE
Cyatheales

Noch bevor sich die ersten Dinosaurier und die uns heute umgebenden Pflanzen entwickelten, bedeckten Wälder aus Baumfarnen das Land. Sie konnten 30 bis 40 Meter hoch werden.

Heute sind Baumfarne dort heimisch, wo es heiß und feucht ist: in den Regenwäldern der Tropen und der Äquatorzone.

Baumfarne sind älter als Blütenpflanzen und vermehren sich, ähnlich wie Pilze, durch Sporen.

Die Blätter der Baumfarne sprießen als Spiralen, die sich dann nach und nach entrollen.

EQUISETUM MYRIOCHAETUM

Dieser riesige Cousin unserer heimischen Schachtelhalmarten vermittelt einen Eindruck davon, wie Landschaften vor mehreren Millionen Jahren ausgesehen haben könnten.

Heute gedeiht er in Mittel- und Südamerika.

UNGLAUBLICH!

DAS HÖCHSTE BEKANNTE EXEMPLAR IST KNAPP 8 METER HOCH.

DIE URZEITLICHEN EXEMPLARE DIESER ART, DIE VOR 300 MILLIONEN JAHREN WUCHSEN, ERREICHTEN HÖHEN VON BIS ZU 30 METERN!

GINKGO
Ginkgo biloba

Er ist der letzte Überlebende seiner Familie und stellt möglicherweise die älteste heute lebende Pflanzenart dar.

Der Ginkgo kommt nur noch in China in der freien Natur vor, wird aber weltweit kultiviert.

UNGLAUBLICH!

DIE ÄLTESTEN BEKANNTEN GINKGO-FOSSILIEN SIND 270 MILLIONEN JAHRE ALT.

IN JAPAN GIBT ES EIN 1.250 JAHRE ALTES EXEMPLAR.

Seine fächerförmigen Blätter sind unverwechselbar. Ihre Besonderheit: Sie besitzen keine Mittelrippe.

CHILENISCHE ARAUKARIE
Araucaria araucana

Dieser beeindruckende Nadelbaum hat die Dinosaurier überlebt, aber möglicherweise nicht mehr die Auswirkungen menschlichen Handelns auf die Natur.

Mittlerweile steht die Araukarie unter Naturschutz, ist aber durch Abholzungen, Waldbrände, das intensive Sammeln ihrer Zapfen und die Ausbreitung invasiver Pflanzen bedroht.

Die dreieckigen Blättchen sitzen sehr eng und sind hart und spitz. Sie machen es Tieren unmöglich, auf den Baum zu klettern.

UNGLAUBLICH!

DIE CHILENISCHE ARAUKARIE KANN BIS ZU 50 METER HÖHE UND EINEN STAMMDURCHMESSER VON 2 METERN ERREICHEN.

EINIGE EXEMPLARE SIND KNAPP 2.000 JAHRE ALT.

Extreme Lebensbedingungen

IM LAUFE IHRER ENTWICKLUNG PASSTEN SICH PFLANZENARTEN AN IHRE UMWELT UND DEREN KLIMA AN. MANCHE VON IHNEN ÜBERLEBEN UNTER SCHWIERIGSTEN BEDINGUNGEN.

CALLITRIS TUBERCULATA

Diese australische Schmuckzypresse übersteht auch schlimme Trockenheitsperioden.

Um die Teile einer Pflanze mit Nährstoffen versorgen zu können, muss ihr Saft flüssig bleiben. Ist zu wenig Wasser vorhanden, vertrocknet die Pflanze und stirbt ab. Bei der *Callitris* fließt der Saft auch in den extremen Dürrezeiten der australischen Wüste weiter durch Wurzeln, Äste und Zweige.

Allerdings besteht die Gefahr, dass auch die *Callitris* eines Tages eingeht, wenn die Trockenzeiten immer länger werden.

ARKTISCHE WEIDE
Salix arctica

Dieser kleine Strauch widersteht auch extremer Kälte.

Die Arktische Weide ist eine der am weitesten im Norden lebenden Pflanzen.

UNGLAUBLICH!

SIE WIRD ZWISCHEN 1 UND 15 ZENTIMETERN HOCH.

IHREM LANGSAMEN WACHSTUM VERDANKT DIESE WEIDENART EINE HOHE LEBENSERWARTUNG: IN GRÖNLAND FAND MAN EIN 236 JAHRE ALTES EXEMPLAR.

ROTE MANGROVE
Rhizophora mangle

Dieser Baum, der buchstäblich im Wasser wurzelt, ist in den Tropen zu Hause.

Zusammen mit anderen Mangrovenarten bildet die Rote Mangrove Wälder, die entlang der Küsten in Gezeitenzonen sowie in Brackwasser angesiedelt sind, also dort, wo sich Süßwasser und Salzwasser vermischen.

Mit ihren Wurzeln befestigen Mangrovenwälder die Küsten und schirmen das Landesinnere gegen Tsunamis und Wirbelstürme ab.

Die stelzenartigen Wurzeln bilden einen großen Bereich voller Verstecke, in denen der Nachwuchs vieler Wasserbewohner geschützt aufwachsen kann.

Einzelgänger

EINIGE DIESER PFLANZEN SIND DIE LETZTEN IHRER ART, ANDERE HATTEN NICHT DIE MÖGLICHKEIT, IN EINEM WALD ZU WACHSEN.

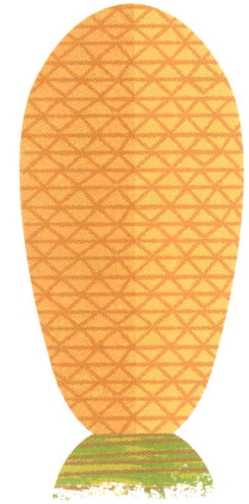

Der Zapfen, der mitunter aus dem Wipfel des Palmfarns ragt, ist keine Frucht, sondern ein Fortpflanzungsorgan, das den Pollen enthält.

PALMFARN
Encephalartos woodii

Diesen Palmfarn gab es bereits zu den Lebzeiten der Dinosaurier. Mitunter nennt man ihn den „ältesten Baum der Welt".

1895 entdeckte John Medley Wood in einem Wald in Südafrika diesen Baum und schickte einen Ableger dem Londoner botanischen Garten Kew Gardens.

UNGLAUBLICH!

ENCEPHALARTOS WOODII BRINGT BLÜTEN UND SOMIT AUCH POLLEN HERVOR. DIESER KÖNNTE BLÜTEN EINES WEIBLICHEN EXEMPLARS BESTÄUBEN, DOCH WURDE BISHER NOCH KEIN WEIBLICHER ENCEPHALARTOS WOODII GEFUNDEN.

DIE EINZIGEN EXEMPLARE DIESER ART GEDEIHEN IN BOTANISCHEN GÄRTEN VERSCHIEDENER LÄNDER. SIE SIND ALLE KLONE DES PALMFARNS IN DEN KEW GARDENS.

BAUM DER TÉNÉRÉ
Acacia raddiana

Inmitten der Wüste Ténéré im Staat Niger stand lange Zeit eine einsame Akazie, der einzige Baum im Umkreis von 150 Kilometern.

1973 wurde diese Akazie von einem Lkw umgefahren. Der tote Baum wird jetzt in einem Museum ausgestellt. Seinen Platz hat eine Skulptur aus Metall eingenommen.

UNGLAUBLICH!

DIE AKAZIE KONNTE IN DER WÜSTE ÜBERLEBEN, WEIL IHRE WURZELN 30 METER TIEF BIS ZU EINEM GRUNDWASSERVORKOMMEN REICHTEN.

DIE SITKA-FICHTE AUF CAMPBELL ISLAND
Picea sitchensis

Auf einer kleinen zu Neuseeland gehörenden Insel mit kühlem, rauem Klima wächst eine einzige, einsame Sitka-Fichte.

Man nimmt an, dass sie im frühen 20. Jahrhundert von Lord Ranfurly (dem damaligen britischen Gouverneur von Neuseeland) dort eingepflanzt wurde, doch niemand weiß, warum.

UNGLAUBLICH!

URSPRÜNGLICH STAMMT DIE SITKA-FICHTE VON DER WESTKÜSTE DER USA, VON DER CAMPBELL ISLAND SEHR WEIT WEG IST.

DIESE FICHTENART IST SEHR ROBUST UND KANN 70 METER HOCH WERDEN. DIE SITKA-FICHTE AUF CAMPBELL ISLAND IST JEDOCH NUR 10 METER HOCH. SCHULD DARAN SIND WOHL DAS KLIMA SOWIE MENSCHLICHE AKTIVITÄTEN.

1. KÜSTENMAMMUTBAUM
2. RIESEN-EUKALYPTUS
3. AFFENBROTBÄUME
4. MEXIKANISCHE SUMPFZYPRESSE
5. BANYAN-FEIGE
6. *LOMATIA TASMANICA*
7. LANGLEBIGE KIEFER
8. GEMEINE FICHTE
9. SAGUARO
10. ELEFANTENKAKTUS
11. GOLFTANGE
12. *SACCORHIZA POLYSCHIDES*
13. RIESENTANG
14. *RAPHIA REGALIS*
15. WELWITSCHIE
16. MAMMUTBLATT
17. AMAZONAS-RIESENSEEROSE
18. TITANENWURZ
19. RIESENRAFFLESIE
20. TALIPOT-PALME
21. MEERESHERZ
22. SEYCHELLENPALME
23. JACKFRUCHTBAUM
24. RIESEN-KÜRBIS
25. ZUCCHINI
26. GEMÜSEKOHL
27. AMERIKANISCHE ZITTERPAPPEL
28. NEPTUNGRAS
29. PAPPEL-FEIGE
30. BAUHINIEN
31. *NEPENTHES LOWII*
32. KÖSTLICHES FENSTERBLATT
33. RIESENBROMELIE
34. BAMBUS-ARTEN
35. MIMOSE
36. KANARISCHER DRACHENBAUM
37. HYDNORA
38. WÜSTENROSE
39. FLEDERMAUSBLUME
40. BAUMFARNE
41. *EQUISETUM MYRIOCHAETUM*
42. GINKGO
43. CHILENISCHE ARAUKARIE
44. *CALLITRIS TUBERCULATA*
45. ARKTISCHE WEIDE
46. ROTE MANGROVE
47. PALMFARN
48. BAUM DER TÉNÉRÉ
49. SITKA-FICHTE

Bakterien
Mikroskopisch kleine Organismen, die vermutlich die ersten Lebewesen auf der Erde waren. Sie vermehren sich, indem sie sich teilen. Bakterienarten spezialisierten sich auf die unterschiedlichsten Lebensräume. Man findet sie in der Luft, im Meer und sogar in unserem Körper.

Bestäubung
Viele Pflanzen vermehren sich geschlechtlich. Dazu müssen weibliche Blütenteile mit Pollen (Blütenstaub) befruchtet werden. Der Transport des Pollens von Blüte zu Blüte kann durch den Wind oder aber durch bestäubende Insekten (oder andere Tiere) erfolgen.

Blütenstand
Manche Pflanzen haben nur eine einzige Blüte wie die Tulpe. Beim Rosenstrauch sind die Blüten über die ganze Pflanze verteilt. Von „Blütenstand" spricht man, wenn sämtliche Blüten einer Pflanze an einer einzigen Stelle angeordnet sind, zum Beispiel an einem Stängel.

Bonsai
Eine alte japanische Kunst, Bäume so zu ziehen, dass sie zu Miniaturversionen ihrer Artgenossen werden. Dazu lässt man sie in einem verhältnismäßig kleinen Topf, beschneidet regelmäßig Äste und Wurzeln und schränkt die Nährstoffzufuhr ein.

Crystal Palace
Der „Kristallpalast" war ein großes Gebäude aus einem Gusseisengerüst und Glasplatten, das anlässlich der Weltausstellung 1851 in London konstruiert wurde. In ihm wurden unter anderem Dinosaurierskulpturen in Lebensgröße ausgestellt. Später diente der Crystal Palace als Konzerthalle, bevor er 1936 durch einen Brand zerstört wurde.

Evolution
Entwicklung der Arten über lange Zeiträume hinweg. So ging zum Beispiel im Lauf der Evolution aus einer bestimmten Affenart der Mensch hervor und aus den Dinosauriern wurden unsere Vögel.

Gezeitenzone
Küstenbereich, der zwischen den jeweils höchsten Ausdehnungsbereichen von Ebbe und Flut liegt. Hier leben Arten, die sich daran angepasst haben, zu verschiedenen Zeiten unter Wasser und an der Luft zu leben, wie etwa bestimmte Arten von Muscheln, Krebstieren oder Seeanemonen.

Klone/Klonen
In jedem Lebewesen steckt DNA. Sie wird vererbt und stellt so etwas wie einen Bauplan dar, denn sie bestimmt u. a. unser Aussehen. Jedes Elternteil vererbt dem Nachwuchs eine Hälfte von dessen DNA. Werden Lebewesen geklont, d.h. mittels des Klons eines Elternteils vermehrt, so besitzt der Nachkomme genau dieselbe DNA wie das Elternteil.

Knolle
Unterirdisches Organ mancher Pflanzen. Sie ist rund bis oval und speichert Nährstoffe. Zwiebeln sind die Speicherorgane der Zwiebelpflanze.

Kohlendioxid
Kohlendioxid ist ein natürlich vorkommendes Gas, doch durch menschliche Aktivitäten entstehen allzu große Mengen davon, etwa in Form von Abgasen. Kohlendioxid ist der Hauptverursacher der Klimaerwärmung, die den Fortbestand zahlreicher Arten gefährdet. Für Pflanzen ist Kohlendioxid ein Nährstoff. Deshalb helfen Pflanzen uns, den Klimawandel zu bekämpfen.

Kürbisgewächse
Eine Familie von rankenden Pflanzen, die mithilfe von Haftorganen der Ranken an Bäumen oder Stützgerüsten emporwachsen. Die Früchte zahlreicher Arten und Sorten sind essbar. Zu ihnen zählen Kürbisse, Zucchini, Gurken und Melonen.

Nadelbaum
Nadelbäume sind eine Ordnung des Pflanzenreichs. Ihre Blätter sind nadelförmig, ihre Früchte sind Zapfen. Zu den Nadelbäumen zählen die Tannen, Fichten, Kiefern und Zypressen.

Nektar
Diese klebrige, süße Flüssigkeit wird von Blüten erzeugt, um bestäubende Tiere anzulocken. Beim Saugen oder Trinken des Nektars nehmen die Bestäuber an ihrem Körper Pollen auf. Wenn sie ihn zur nächsten Blüte tragen, kann eine Befruchtung stattfinden.

Pflanzensaft
Der Saft einer Pflanze oder eines Baums befördert die für das Überleben wichtigen Nährstoffe in die verschiedenen Regionen der Pflanze, von den Wurzeln bis zu den Blättern und wieder zurück zu den Wurzeln. Dabei fließt der Saft durch Röhrchen in Rinden- und Blattgewebe.

Sporen
Während sich Samenpflanzen durch Samen vermehren, die aus der Befruchtung weiblicher Blüten entstanden, gibt es Pflanzengruppen, die sich über Sporen vermehren. Dies sind winzige, vom Wind weitergetragene Körnchen. Zu den Sporenpflanzen zählen Farne und Pilze.

Sukkulente
Pflanze mit meist fleischigen Blättern, die sich an trockene Lebensräume angepasst hat. Sie kann dort überleben, weil Bestandteile ihrer Blätter oder ihr Stamm Wasser speichern.

Verbreitungsgebiet
Als Verbreitungsgebiet einer Art bezeichnet man jene Gegend oder Gegenden, in denen diese Art vorkommt. Das kann ein kleiner Teil eines Nationalparks sein, ein ganzer Kontinent oder sogar Regionen mehrerer Kontinente.

Wayapi
von Französisch-Guayana, dem heute ungefähr 1.600 Menschen angehören.

Wirtspflanze
Die meisten Pflanzen saugen mit ihren Wurzeln aus dem Boden Nährstoffe. Doch gibt es auch die sogenannten Parasiten, die auf einer anderen Pflanze (meist einem Baum) wachsen und ihm Nährstoffe entziehen, um sich selbst zu ernähren. Oder aber sie nutzen den Baum nur als Stütze.

Natürlich magellan®

Hergestellt in Italien
CO₂-Ersparnis durch kurze Lieferwege
Gedruckt auf FSC®-zertifiziertem Papier
Lösungsmittelfreier Klebstoff
Drucklack auf Wasserbasis
Farben auf Pflanzenölbasis

Weitere Infos gibt es hier:

www.magellanverlag.de/natürlich

Originalausgabe
© 2025 Magellan GmbH & Co. KG,
Dr.-Robert-Pfleger-Straße 6, 96052 Bamberg
Alle Rechte der deutschsprachigen Ausgabe vorbehalten
Die Nutzung unserer Inhalte für alle Arten von Text- und
Data-Mining, insbesondere für die (Weiter-)Entwicklung
und das Training jeglicher KI-Systeme, im Sinne von
§ 44b UrhG ist hiermit ausdrücklich vorbehalten und
wird von uns nicht gestattet
Die französische Originalausgabe erschien 2019
unter dem Titel „Grandiose" bei Editions Milan - France
Text und Illustration: Benjamin Flouw
Übersetzung: Cornelia Panzacchi
Lektorat: Andrea Lehmann
Herstellung: Anja Trentepohl
Umschlaggestaltung: Carolin Glaser
unter der Verwendung einer Illustration
von Benjamin Flow
Druck: Grafiche, Albergo
produktsicherheit@magellanverlag.de
ISBN 978-3-7348-6084-3

www.magellanverlag.de